本書は、クラウドファンディング「駒場苑のアツイ介護を100首の句で届けたい！」プロジェクトでご賛同頂いた皆様のご支援によって製作することができました。

「駒場苑だからできる」から「あなたの職場でできる」に変えていく一助になりましたら幸いです。

はじめに

総合ケアセンター駒場苑は東京都目黒区にある介護事業所で、特養ホーム、ショートステイ、デイサービス、グループホーム、訪問介護、居宅介護支援事業所の計6事業を運営しています。私はそこで、特養駒場苑の主任として、「7つのゼロ（寝かせきりゼロ、おむつゼロ、機械浴ゼロ、誤嚥性肺炎ゼロ、脱水ゼロ、拘束ゼロ、下剤ゼロ）」を掲げて、仲間たちとケアの改革をしてきました。そして現在は、6つの事業の統括施設長として勤務しています。

駒場苑は「最期まで、気持ちよく、主体的で、その人らしい生活を支える」をミッションに、各事業所でいろいろな取り組み、実践をしています。その様子をSNSで発信することで、「地域や法人を超えて、日本の介護事業の質の向上に貢献する」という駒場苑のビジョンに向かって取り組んでいる最中です。

今回、書籍化した『駒場苑がつくった介護百首』は、私が特養駒場苑の主任をしていた頃につくったものです。本当に百首あります。

私一人でつくるのはさすがに難しかったので、当時の職員数名に手伝ってもらい百首つくり、その後も再編してバージョンアップしていきました。そもそも「なぜ介護百首をつくったのか?」。ここにこの本の目的がありますので、経緯を説明します。

❖職員研修で試行錯誤する日々

当時私は、特養駒場苑の主任として職員の成長を支援していく立場にあり、施設内研修等を企画していました。しかし、やっているうちに、いくつかの問題に気がつきました。

まず、施設内研修は、職員に大切な情報を直接伝えることができるのがメリットです。しかし、施設はシフト勤務なので、全員が集まることはできません。1回の研修に半数も集まればよいほうですし、さらに勤務時間がまちまちなので残業で参加することになる場合もあり、職員の負担が大きいことがデメリットです。

一方、外部研修は外から新しい情報を得ることができるものの、一度に職員1~2名程度しか参加することができません。そのため、新しい情報を得て現場を変えようとしても、少数派になってしまい、その後のアウトプットがされにくいのがデメリットでした。

両方のデメリットを解消するために、施設内に図書コーナーを設置してみました。図書コーナーには、介護はもちろん、ビジネススキル等の書籍を置き、職員が好きなときに無

償で学習ができる環境をつくったのです。しかし、この方法にも問題がありました。活用するのは元々意識の高い職員で、伝えたい職員になかなか伝わらなかったのです。

そこで、図書コーナーに置いた書籍の中のおすすめのページをみんなが立ち止まるエレベーター前に貼って、知ってもらう取り組みを始めました。すると、図書コーナーには行かない層の職員も、エレベーターを待っている間に読んでくれるようになりました。しかし、本の文字が小さくボリュームもあるため、エレベーターを待つ時間内には読み切れず、段々見てもらえなくなっていきました。

❖介護の短歌百首誕生！

駒場苑が大事にしている介護の考え方や、理論、技術を、エレベーターを待つ間に読めるボリュームで伝えるにはどうしたらよいのか考えました。「短い言葉で」と考えた結果、短歌を思いつきました。短歌は短いだけでなく、五・七・五・七・七というリズムは子どもの頃から慣れ親しんだリズムなので、頭に入りやすいと思ったのです。

そこから、駒場苑の介護の基本を一つひとつ、五・七・五・七・七のリズムに変換する作業にとりかかりました。短歌に変えていく過程で、「切りよく百首つくって、百人一首のよう

なパッケージにするとおもしろいかな」と思い、百首つくることにしました。しかし、なにせ百首です。私だけで考えることに限界が来たので、職員数名に声をかけて、一緒につくってもらいました。最後の頃になると、五・七・五・七・七のリズムが頭から離れなくなり、日常会話さえこのリズムで話してしまうくらい没頭し、苦しみ、この介護百首は生まれました。

❖よりいっそう親しんでもらうために

その後、生まれた百首を一枚一枚ポスターにし、注釈を付け、絵の上手な職員に短歌に合ったイラストを描いてもらい、エレベーター前や各事業所の職員が足をとめる場所に掲示していきました。するとどうでしょう。短歌という新しい表現を職員はおもしろがってくれて、読んでくれるようになりました。イラストもかわいく、目を引きます。これにより、職員は業務時間中に、少し足を止めた場所で、短時間で駒場苑の介護の考え方や理論、技術を知ることができるようになったのです。結果、介護の基本的な部分は介護百首で伝えて、応用的な部分を研修等で補填していくことができるようになりました。

その後、この介護百首をカレンダーと合体させ、「駒場苑介護百人一首カレンダー」として施設内に貼り出しました。好評だったので、その様子をＳＮＳで投稿したところ、「そ

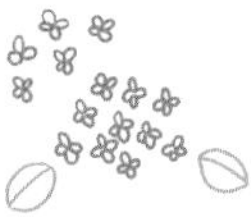

のカレンダーが欲しい！」という声を多数頂きました。そこで、１０００円以上のご寄付を頂いたときのリターン品として、全国の希望する方に送ることにしました。今も年間２００～４００本のカレンダーを送っています。

しかし、カレンダーの掲示はスペースの問題で、一度に貼り出せる短歌が限られるため、百首を伝えるのに3～4年かかるという弱点があります。もちろん長い時間をかけて伝え続けるということも大切ですが、興味をもってくれたときに1冊にまとまっているツールもほしいというリクエストを内外から頂き、「この百首を1冊にまとめた本をつくりたい！」と考えるようになりました。

この本は百首の短歌で構成されているので、普段本を読まない活字が苦手な人でも気軽に読むことができます。また、1首で完結しているので、どこからでも読めますし、パラパラめくって気になった短歌から読むのもいいと思います。朝礼で、毎日1首ずつ共有するのもいいでしょう。みなさんのアイデア次第で、使い方は無限にあります。

この本が、みなさんの事業所の質の向上に役立つことができれば幸いです。

坂野悠己

最期まで　その人らしい
生活を　そのためにいる
私たちかな

解説

介護とは、お年寄りが最期まで気持ちよく、主体的で、その人らしい生活を送るのを支えることです。人生最後の時期であることを常に頭に入れてその方の「今」を大事にする。気持ちよくとは、生活上の不快な状況を最小化する。主体的でとは、その方の意思や自発性を尊重する。その人らしい生活とは、生活習慣、趣味や嗜好、役割、生活リズム、相性を尊重することです。そのために私たちがいるのです。

移乗時は　移動前後の
位置調整　高さはどちらも
同じに設定

解説

移乗の介助をする時は、移動前後のそれぞれの位置の高さを同じにすると、スムーズに移ることができます。

移った後の位置のほうが高い場合は特に、移る際の力が無駄に必要になってしまうので、そうならないようにしましょう。

ひのき風呂　温泉気分で
ゆっくりと　やれることでき
好きに入れる

ヒノキのおふろはシンプルだから
手すりを好きに付けたり
シャワーチェアを置いたり
その人に合わせて

解説

ひのき風呂は温泉気分で入れるうえに、機械浴1台分のコストで2～3台以上設置できるので、浴槽の数を増やすことができます。またご自分の力を活かして入れるように工夫がされたひのき風呂を選べば、その方の持っている力を維持できます。家庭用浴槽と同じつくりなので、お湯の温度や深さ、入る時間など、その方の好みに合わせることができます。

003/100

ゴホゴホホ　ムセてるからと
タッピング
そうなる前に　まず前かがみ

解説

食事をしている時に、ムセている方がいたら、ただタッピングするだけではなく、なぜムセるのか原因を考えましょう。姿勢はどうか？ 前かがみになっているか？ そしてムセていない方も日頃から食事の姿勢が前かがみになっているかどうか、むせやすい姿勢になっていないか？ 確認しましょう。

認知症　その人らしい
生活で　薬に頼らぬ
生活めざそう

解説

精神安定剤等の向精神薬を服用している認知症の方は多いと思います。しかし、オムツへの排泄からトイレでの排泄になったり、お風呂でゆっくり入浴ができたり、好きな物を食べて好きなことをして過ごすなど、主体的で、その人らしい生活に近づくことで、落ち着き、精神安定剤が必要なくなった人はたくさんいます。薬で落ち着いているのではなく、薬がなくても落ち着ける生活をめざしましょう。

その方の　昔やってた
お仕事や　家事や役割
取り入れ　生活

解説

ご本人が昔やっていた仕事や家事、役割等は、生活の中に取り入れられるものもあります。昔やっていたことを役割としてお願いすることで、介護される側から人の役に立つ存在になり、生きがいや、主体性が生まれます。機能的にも生活リハビリになり、職員の業務負担の軽減にもなるので、ご本人が楽しくできることは、役割や用事としてやっていただきましょう。

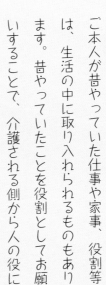

胃ろうでも　口から食べる

楽しみを　希望を聞いて

ゼリーからでも

アセスメントを行いアプローチしましょう!!
プリン
ゼリー
アイス

解説

胃ろうになると口から食べられないので、食事の楽しみは失われがちです。しかし、胃ろうの方の中には口から食べられるのに、安易な判断で胃ろうになってしまった場合もあります。まず、口から食べられないかアセスメントを行い、ご本人やご家族の希望と同意のもとに、口から食べることへの関わりを行うことも必要です。

高血圧　180超え
臥床して　頭挙上し
様子を観察

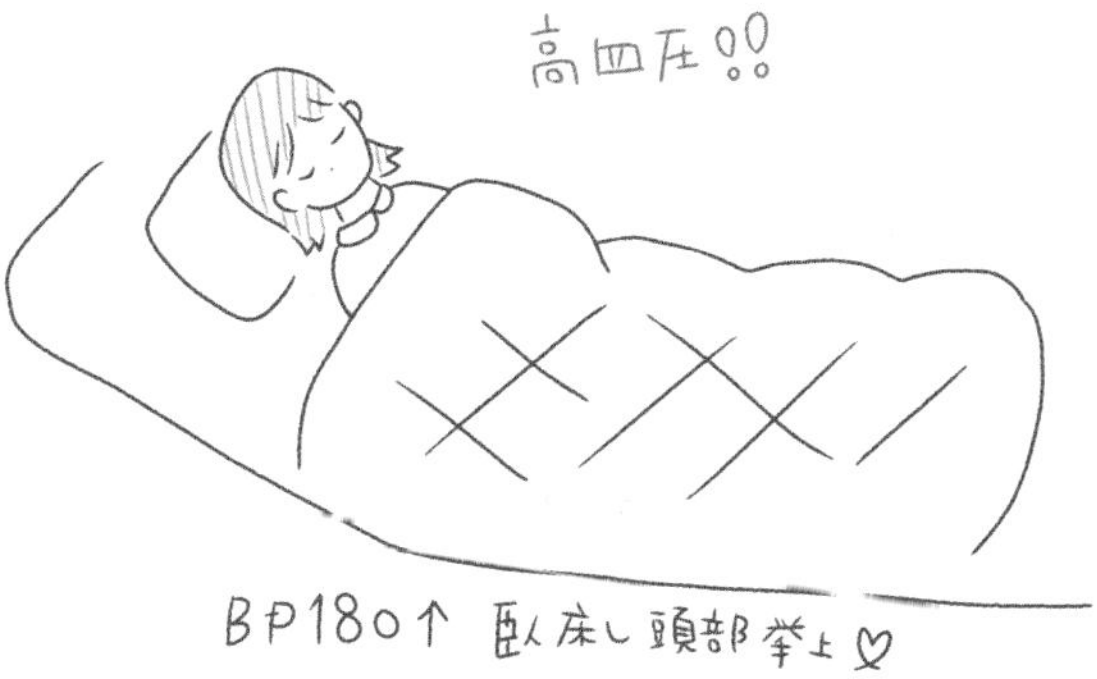
高血圧!!
BP180↑ 臥床し頭部挙上♡

解説

血圧を計って上が180以上ある場合は、一般的には異常値になります。

ベッドに臥床して、頭を高くして安静にし、様子をみましょう。医療職がいる場合は連絡しましょう。個別に異常値が違う場合もあります。その方の異常値を知っておきましょう。

入浴時　浸かってる時
洗身時　絶対離れず
大事故防ぐ

今のうちに。。。
浴室では常に
目を離さない
洗たく物

解説

入浴介助の際は、ご利用者のそばを離れない、というのは鉄則です。洗身時、浸かっている時、別のことをしようとその場を離れてしまい、その間に転倒、溺水してしまい、死亡事故に至るケースを時折ニュース等で耳にします。

そうならないように、離れず、またどうしても離れなければいけない場合は、他の職員さんと交代するようにしましょう。

食べないと　無理に食介
するでなく　出前に外食
好物出そう

食べない時は
好きなものを

解説

食べないからといって、食べさせなきゃと無理に食事介助することは誤嚥、窒息のみならず、ご本人にとっては苦痛なだけです。
無理やり食べさせるのではなく、出前をとったり、外食に行ったり、好きな食べ物を出したり、ご本人が食べたいと思ってもらえるように関わりましょう。

010/100

声をかけ　わかって動くにゃ
時間いる　待たずに触れる
そりゃチカン

解説

声をかけて、すぐに介助に入っていませんか？　高齢者は声をかけても、それを理解して、動き出すまでには一定時間を要します。待つことができる、というのも大事なスキルですので、自発的な動きを待つように心がけましょう。

おむつゼロ　衣服がびっしょり
意味ないよ　個別のトイレ
パッドの交換

解説

おむつの使用がゼロになるのはよいことですが、毎回衣服がびっしょりで更衣が必要な状態であれば、ご本人の気持ちも落ち込み、おむつゼロの目的である「排泄の不快感の除去や尊厳の尊重」が果たせません。食後のトイレ誘導をベースに、その方の排泄ペースに合わせてトイレ誘導を行い、体力に合わせてパッド交換と併用しましょう。

頭痛する　臥床でバイタル
測定す　意識低下や
嘔吐は急変

頭痛なの。。
☆臥床してVS測定を

解説

ご利用者が頭痛を訴えられた場合は、ベッドに臥床してもらってバイタル測定をしましょう。

その後、意識が低下したり、嘔吐があった場合は、急変となりますので、注意して観察しましょう。

座位効果　褥瘡拘縮
予防する　認知症遅らせ
笑顔も増える

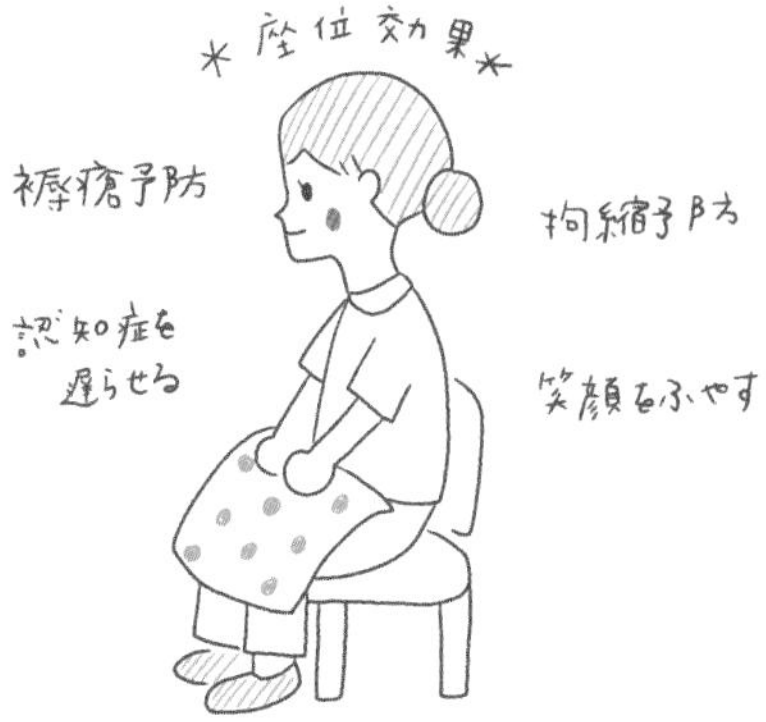
＊座位効果＊
褥瘡予防
拘縮予防
認知症を
遅らせる
笑顔をふやす

解説

日中起きて座っているだけでも褥瘡、拘縮の予防になります。視界が広がり刺激が増えることで認知症の進行を遅らせ、笑顔も増えます。

褥瘡予防には姿勢よく座り、時々座り直したり、日中少し横になることも必要です。食事量が少ない方は褥瘡になりやすいので、少ない量で栄養がとれるよう配慮する、摩擦を起こさない介助、傷口のフィルムやお尻パッドの使用とこまめな交換で対応します。

トイレ座位　自分でできない
前かがみ　背中にクッション
前にテーブル

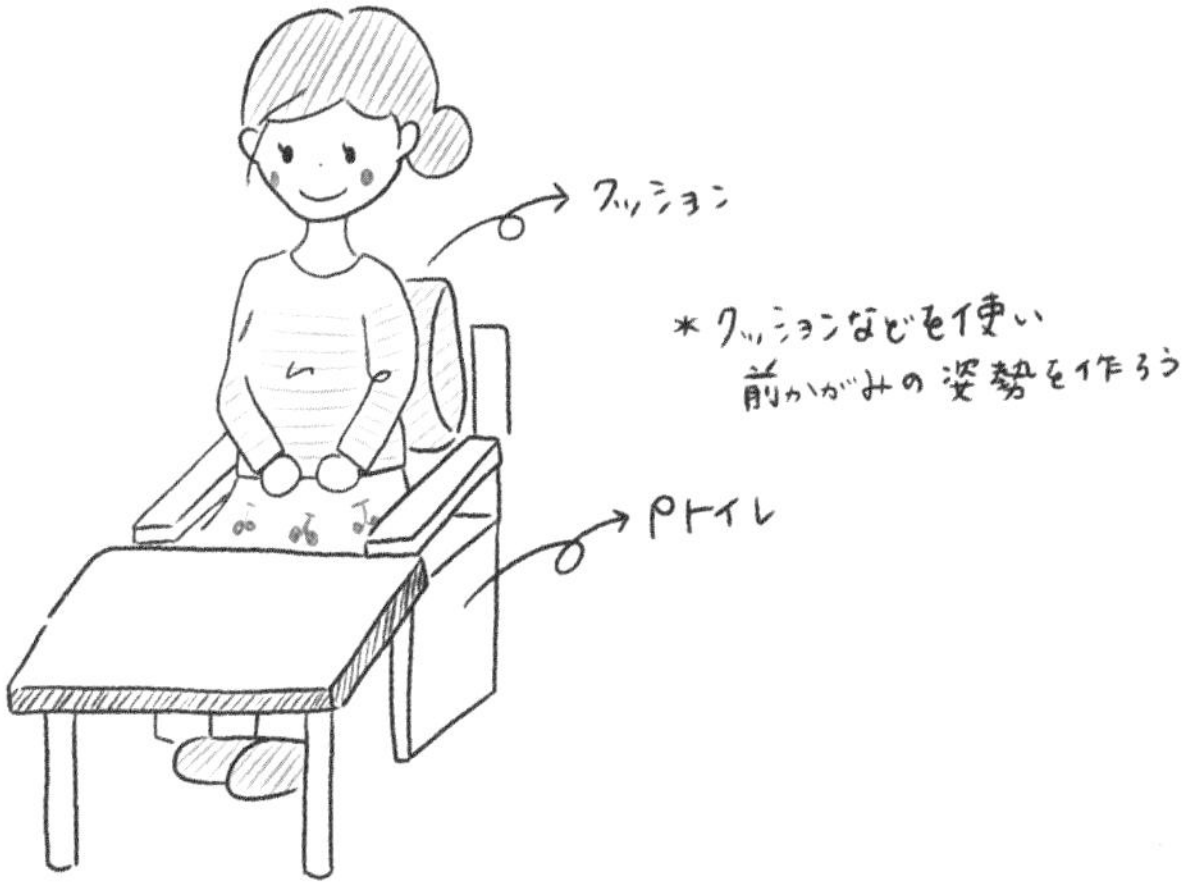
クッション
＊クッションなどを使い
前かがみの姿勢を作ろう
Pトイレ

解説

排泄しやすい姿勢は、前かがみですが、ご自分で前かがみになれない方は、背中にクッションを入れて前かがみになれるように支援しましょう。その際、前に転んでしまいそうな方は前にテーブルを置いて前かがみの姿勢を支えましょう。

愚痴や批判　流されやすい
ネガティブに　前向き力で
職場を明るく

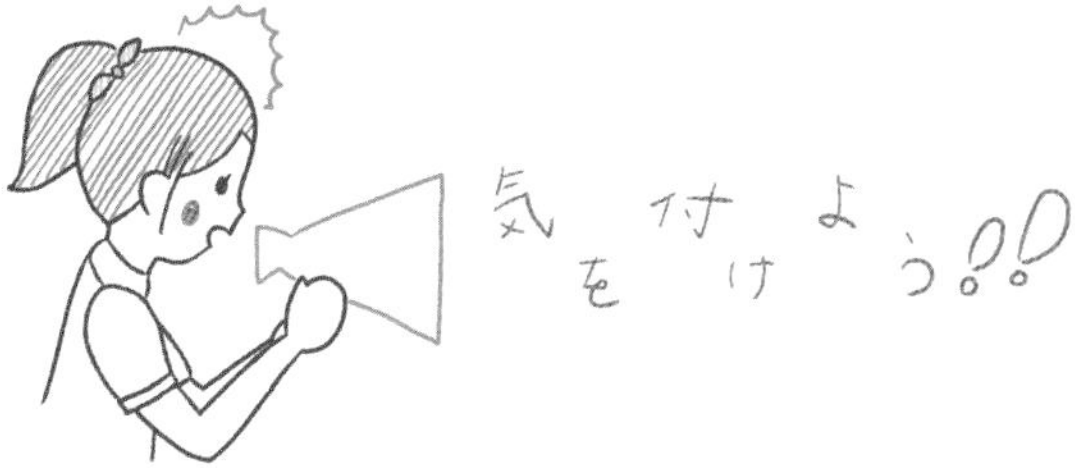

解説

人は集団になると、愚痴や批判等で盛り上がりがちです。周りは嫌な気持ちになったり、噂でその人を嫌いになるなど職場の人間関係を悪化させます。完璧な人間はいませんので、課題や欠点をつつくのではなく、その人のよさに着目し、足りないところはそれぞれの得意分野で補い合う等、視点を前向きにして仕事をしましょう。駒場苑ではそんな人を理想の人材像としています。

かけ湯はね　自分の手足で
温度みて　その後利用者
手足で確認

OK!!
湯
・利用者様にシャワーやお湯をかける前に自分の手足にかけて温度を確認しましょう
・その後に利用者様にかけて温度を確認してもらいましょう
・HOT
S
R

解説

体にかけ湯をする時、シャワーをかける時は、いきなり冷たい水や熱いお湯が出るかもしれませんので、必ず介助者が自分の手足で温度を確かめて、さらにご利用者の手足で確認してもらってから、体にかけていきましょう。

一人前　全量摂取に
こだわって　介助する人
まだ半人前

解説

出された食事はすべて食べてもらわなければいけないと思っていませんか？もちろん全部食べられるにこしたことはありませんが、食べられる量はその方によって違うのが当たり前。今の量で足りない人もいるし、多い人もいるのです。一人ひとりに合った量を知り、その中で美味しく栄養をとってもらえるよう関わりましょう。

車椅子　高さ調整で
足が着き　アームとフット
外れるタイプに

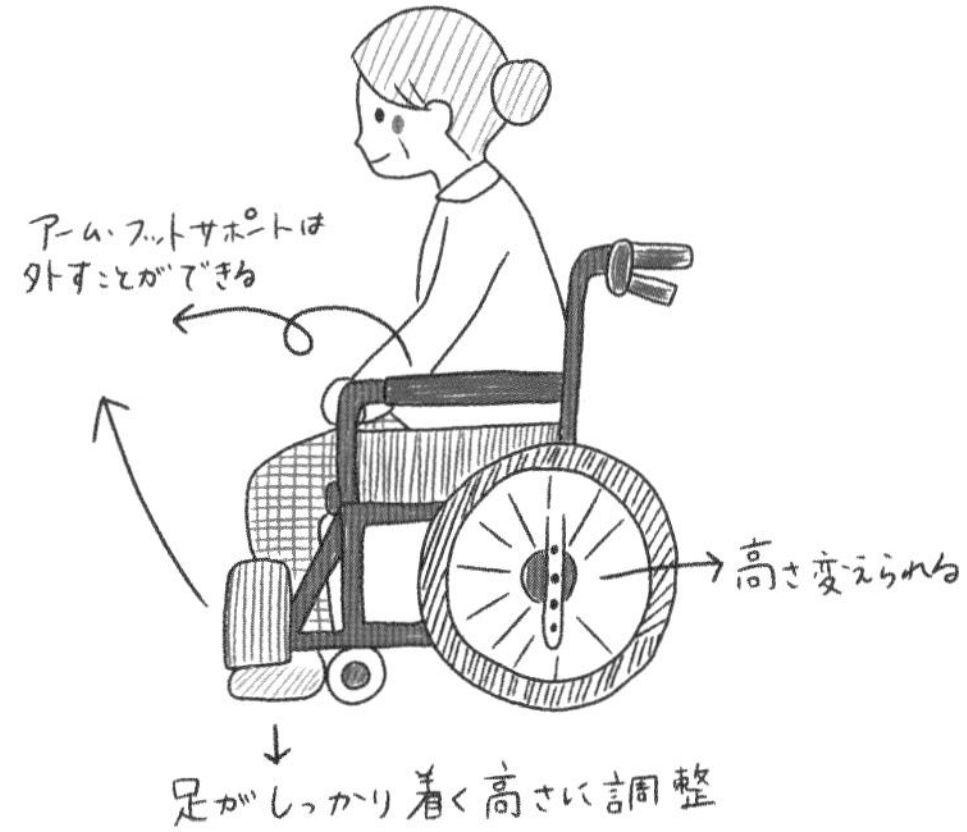
アーム・フットサポートは
外すことができる
高さ変えられる
足がしっかり着く高さに調整

解説

車椅子は必ずフットサポートを上げて、足が床に着くように高さ調節のできる車椅子を使用しましょう。足台等を使う必要もなくなり、食事も食べやすくなります。また、アーム、フットサポートが外れるタイプの車椅子に変更することで移乗が楽に負担なくできます。そのような車椅子を使用することはご利用者、職員のどちらにとってもよいことです。

脱水は　便秘幻覚
ひきおこす　めざせ適量
水分摂取

☆ジュース
☆お水
☆コーヒー
☆お茶
800cc
を目指そう!!
☆ペットボトル飲料
☆ゼリー

解説

高齢者は体の水分が成人より少なく、喉の渇きも感じにくいので、脱水になりやすいのです。脱水になると、便秘はもちろんのこと、幻覚が見えたり、意識が薄れて最悪、死に至るケースもあります。そのため、食事の他に水分としてその方に合った適量（基準として1日800 ccを目安）を飲んで頂けるように関わりましょう。

食事はね　椅子に座って

食べるとね　姿勢安定

生活リハビリ

解説

ベッドはもちろん、車椅子も座面がたわんで、後ろに傾斜もついているので、姿勢が不安定になりやすく、食事の際に座る椅子としては適していません。食事の際は、できる限り椅子に座って頂くことで、姿勢も安定し、椅子に移る動作がリハビリにもなります。

虐待は　犯罪行為だ
許さない　見つけた人は
すぐに報告

絶対にダメ!!
ー見つけた人は管理者へ報告しましょうー
怒る たたく
無視
お、おねがいします…
¥
ナイショね!
お金を勝手に使う
無理やり

解説

虐待は犯罪行為です。虐待とは、身体的虐待（身体に暴力等で危害を加える）、ネグレクト（故意にトイレに連れて行かない等の介護放棄）、心理的虐待（言葉の暴力、無視等で精神的に危害を加える）、性的虐待（性的な行為の強要等、性的な暴力）、経済的虐待（お金を勝手に使用する等、経済的な危害）です。このような行為を見つけたら管理者へ報告し、事実確認、対策や処分等を行います。

浴槽で　左右に傾く
時にはね　浴槽内の
コーナー使おう

入浴中体が左右に傾いてしまう時は浴そう内のコーナーを使って安定するように工夫。
クッションやバスタオルを使って保護しましょう。

解説

浴槽での座位で左右に姿勢が傾いて安定しない場合は、浴槽内のコーナーを利用し、斜めに入ってもらうと、両肩がコーナーにつき、安定します。背中にタオルや入浴用クッション等を入れると背中も痛くなく入ることができます。

023/100

オムツにし　爪も切らずに
掻くからと　ミトンつけるは
浅き考え

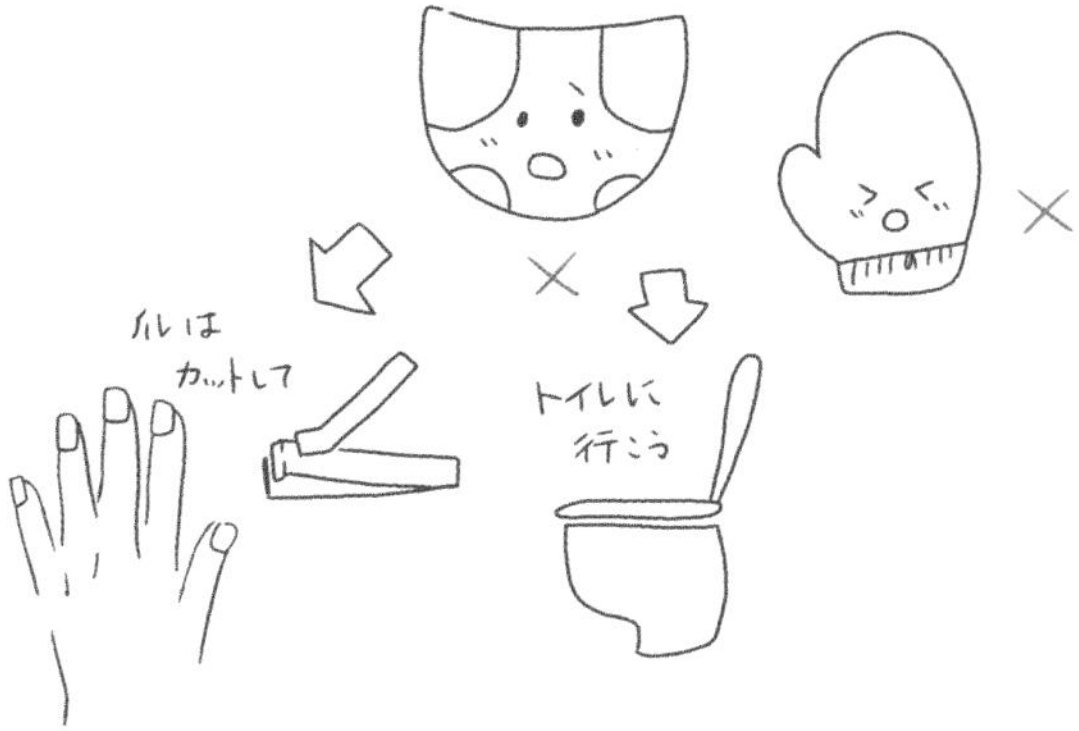
爪は
カットして
トイレに
行こう

解説

お尻を掻いて傷つけるからとミトンをするのは身体拘束になり禁止されています。その前に、オムツでお尻を不衛生にしているからお尻が痒くなっているかもしれないので、トイレ誘導や綿パンツとパッドに変更してお尻の皮膚の状態を改善したり、爪が伸びているなら爪を整える等、痒みの背景を探りながら、ミトン以外の対策をやっていきましょう。

摘便に　座薬にラキソ

アローゼン　使わず快便

気持ちよい

※おクスリ使うよりも
トイレに行こう!!

解説

便秘に対して、摘便や座薬は痛いですし、ラキソやアローゼンのような強い下剤はお腹がゴロゴロ、痛いし体への負担が大きいのです。また下剤に頼りすぎると、効かなくなり、量が増えていってしまうリスクもあります。できる限りそのような手段を使わず、トイレ誘導やお腹への優しい刺激で、快便できるように関わりましょう。

025/100

オムツにね　排泄しながら
趣味活動　それで楽しい
わけがないよね

解説

趣味活動や楽しみになるレクや行事はよいことですが、それを優先するあまり、排泄介助がおろそかになったり、安易にオムツになってしまっていないか注意が必要です。

オムツの中に排泄をしながらだと、不快感から集中できず、心から楽しめません。排泄介助等の基本的な生活行為で不快感を最小化したうえで楽しみを。

026/100

立てずとも　ベッドで着脱
できるから　ポータブルで守る
座って排泄

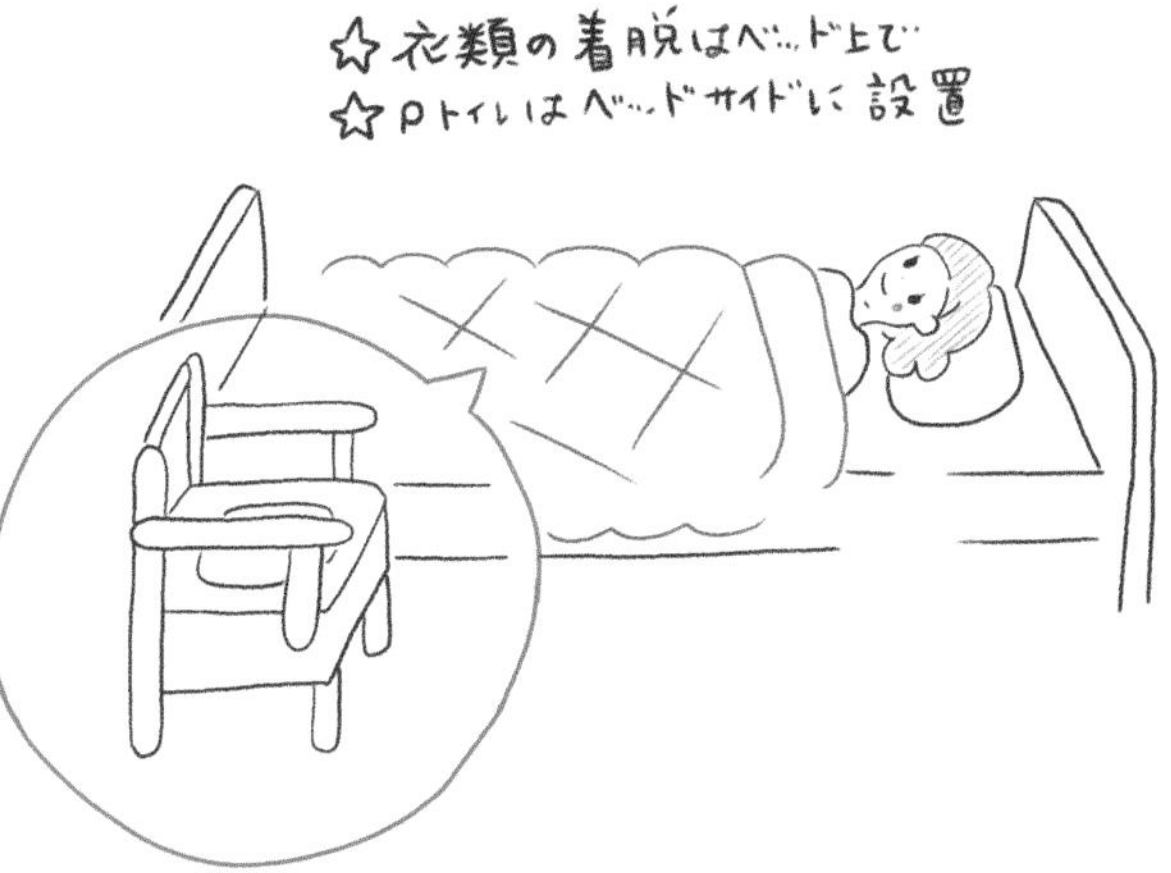
☆衣類の着脱はベッド上で
☆Pトイレはベッドサイドに設置

解説

「立てなければオムツ」は間違いです。立てなくてもポータブルトイレならベッド上で着脱できるので、トイレに座ることができます。ポータブルトイレに座ることができれば、最期までトイレでの排泄を守ることができます。

重いよや　汚い臭い
言われたら　嫌でしょ
だから　自分も言わない

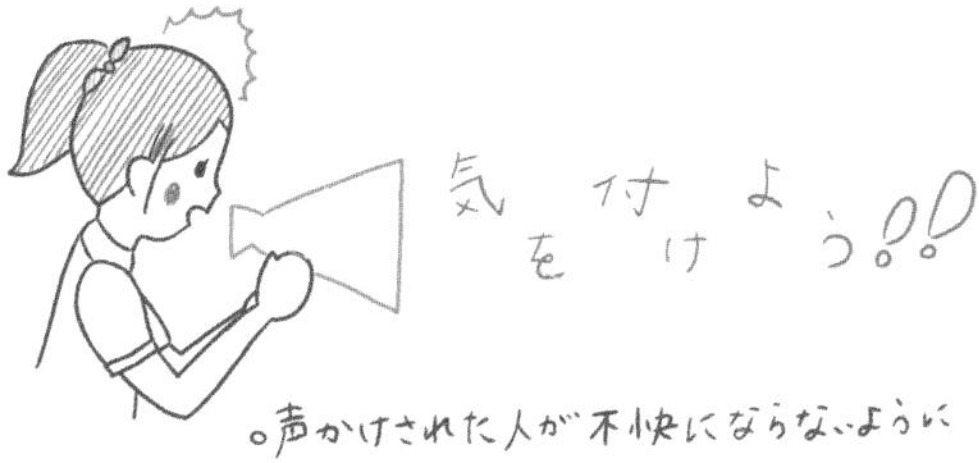

気を付けよう!!!
。声かけされた人が不快にならないように

解説

言葉づかいについて、最低限の基準として、「重い」「汚い」「臭い」等、自分が言われたら嫌だなと思う言葉や、「座らせた」「水分いきました」等、自分が物のように扱われていると思うような言葉は、使わないようにしましょう。上から目線で叱るような言動等、第三者が見ていて不快に思うような言動も同様です。

好きな物　食べて飲んでの
人生を　守ってあげましょ
最期まで

好きな食べ物は何？
好きな飲み物は？
その人の好きな物を
理解しておくことが大切。

解説

駒場苑を利用するご利用者は、人生の最後の数年間、数十年間を駒場苑や自宅で過ごされます。その方たちに対して、「体に悪いから」「もっと長生きして欲しいから」と、好きな食べ物、飲み物の中で甘い物や塩辛い物を禁止するのではなく、最期までできる限り好きな食べ物や飲み物を食べたり飲んだりできることを尊重しましょう。

トイレなの　食事中でも
トイレなの　聞き流さずに
トイレを優先

解説

食事中に「トイレに行きたい」と言われて、「食事が終わってから行きましょう」と言っていませんか？トイレを我慢しながら食事して美味しいでしょうか？　これでは美味しく食べられずに、排泄も不快な状態になり、最悪です。食事を美味しくとるためにも、トイレを最優先しましょう。

食事前　嚥下体操

やるよりも　おしゃべり笑いが

お口の体操

日常的に沢山おしゃべりして
笑ってもらえるように

解説

食事前に嚥下体操をするのは悪いことではありませんが、普段から声かけもせず、おしゃべりをせず、歌ったり、笑ったりしないような生活をしていて、嚥下体操をしても生活の質は上がりません。嚥下体操をする前に、日常的にご利用者とおしゃべりをしたり、笑ってもらえるように関わりましょう。それが嚥下体操の代わりになります。

接遇は　堅苦しくなく
親しみを　親しい仲にも
礼儀忘れず

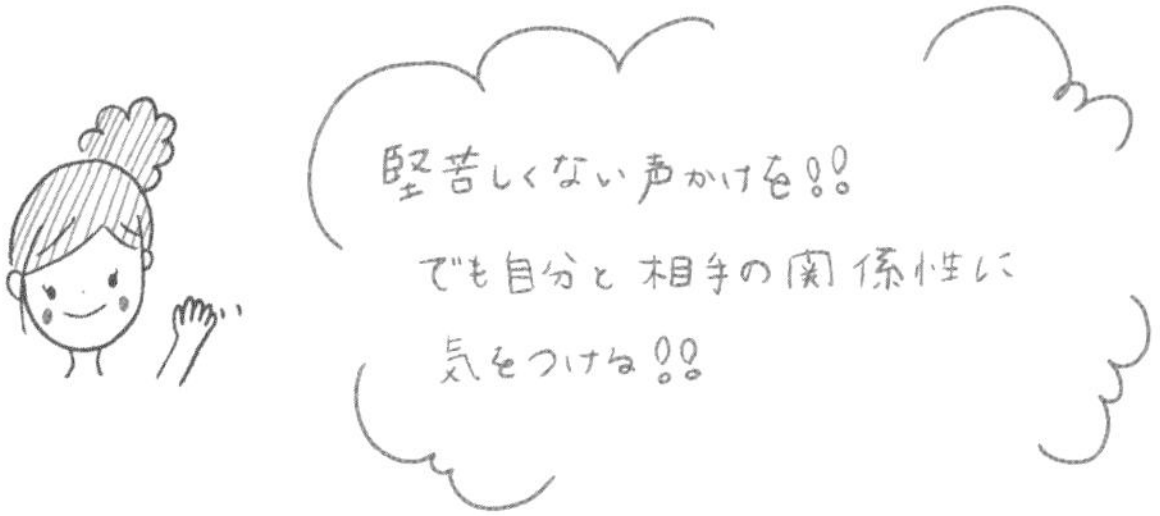

堅苦しくない声かけを!!
でも自分と相手の関係性に
気をつけね!!

解説

ご利用者と接する時に「〜様」と呼んだり、「〜でございますか？」など、丁寧すぎる言葉を使うと堅苦しく、距離を感じさせてしまいます。しかし、親しみやすい言葉を使うことも必要です。しかし、親しみやすすぎて、ご利用者が人生の先輩であることを忘れてしまわないように気をつけなければいけません。指示的になったり、感情的になったり、からかったりするような言葉づかいはしないように気をつけましょう。

シャワーチェア　浴槽横付け
高さ合わせ　足だけまたげば
ずれて入れる

解説

洗身する時のシャワーチェアは、浴槽と高さを合わせ、できるだけぴったり横付けしましょう。そうすれば立てない方でも、浴槽に入る時に立ち上がってまたがずに、座りながら足を上げてまたぎ、浴槽の方へ体をずらしていけばスムーズに入れます。

杖歩行　マヒある方と
歩く時　杖、患、健の
順だとスムーズ

解説

杖を使って歩く方の介助では、マヒがある場合、先に杖をつき、マヒ側の足を先に出し、次に健側の足を出すという順番に歩くと、スムーズに歩くことができます。マヒがない場合も、利き足等のご本人にとって動きやすい側を健側、動きにくい側を患側と当てはめて行うとよいでしょう。

お風呂場は　裸になるから
恥ずかしい パーテーションと
タオルで隠そう

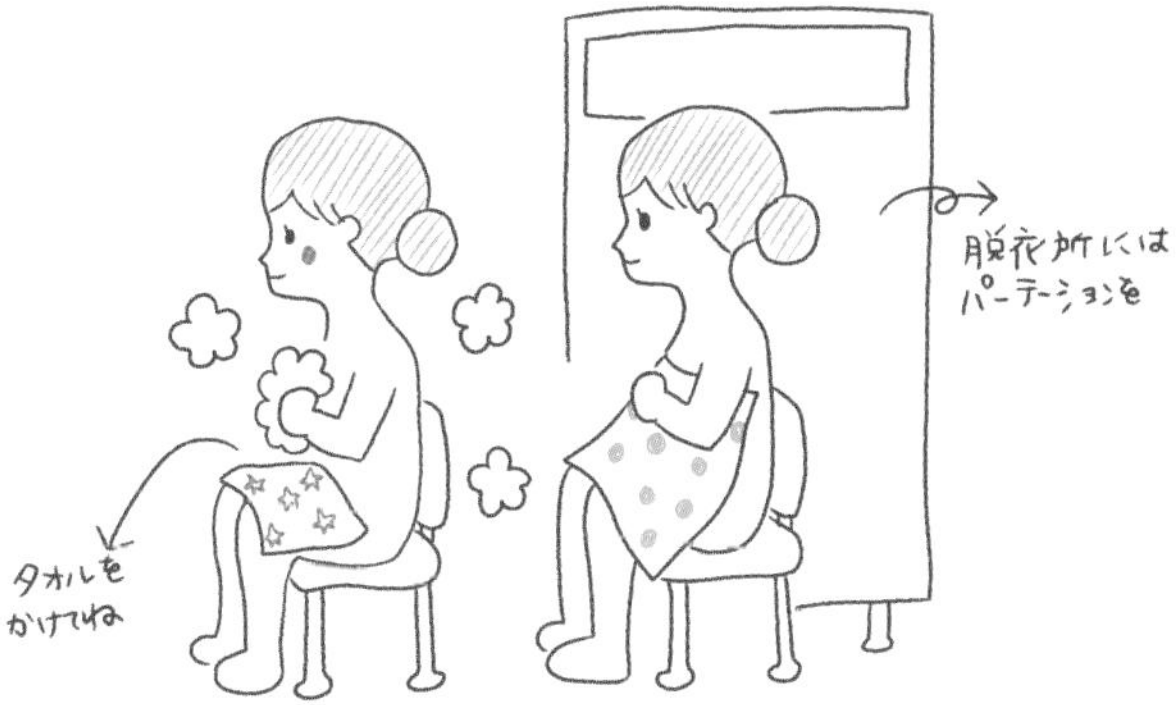
脱衣所にはパーテーションを
タオルをかけてね

解説

誰でも裸は見られたくないものです。その羞恥心をご自分で意思表示できない方もいますから、こちらでパーテーションを使って裸や着替えができるだけ見えないように配慮しましょう。また、洗身時はタオルをかける等の配慮もしましょう。

行動を　制限すれば
混乱し　自由に過ごせば
心穏やか

そろそろお部屋に
帰ろうかしら・・・
近くに歩行器etc
その人の目的に合わせて
必要な物を設置?!

解説

認知症の方に対して、「〜してはダメ」、「危ないから動かないで」等、言葉で行動を制限したり、行動範囲を故意に狭くするのは、スピーチロックという拘束になります。お年寄りが余計に混乱して落ち着かない状態になりますので、自由に過ごしてもらえるような声かけや環境づくりで、心が穏やかになるように関わりましょう。

食べる時　机の高さは
へその位置　前かがみで食べ
肺炎防ぐ

食事の時は確認しよう!!

解説

食事の際の机の高さは、高すぎると顎が上がって誤嚥したり、食べにくくなります。食べる姿勢は少し前かがみで、顎を引いて食べると誤嚥しにくく、食べやすいので、机の高さをその方のへその位置を目安に調整します。その方の高さに合わせられる机や高さの違う机を用意しておき、体格に合った机を選定しましょう。

見守りが　しやすいからと
部屋を変え
不安にさせる　罪深さ

WELCOME
ここは?
どこかしら?
私の知らない所ね

解説

その方が生活する居室は、自宅ではなくてもその方にとっては慣れた居場所です。その居室を見守りがしやすいからと、職員都合で安易に変えるのはいけません。その方の慣れた居室で最期まで生活できるように関わりましょう。

汚れたら　口元拭いて
服変えて　髪もとかして
綺麗な姿

汚れていたら
きれいに!!
口元
髪
服

解説

気持ちよく生活をして頂くために、口の周りの汚れ、寝癖、目やにがそのままになっていることのないように、気付いたら、すぐに綺麗にしてさしあげましょう。

039/100

浴槽は　肩までざぶんと
浸かりたい　広さ調整で
座位は安定

浴そうの角を使う
ー入浴姿勢が安定するようにー
肩が出たら
タオルをかけて
あげる
背中がつく
シャワーチェア
などで
足がつくように
工夫
お尻がつく

解説

浴槽内ではできれば肩までざぶんと浸かるのが気持ちいいのですが、座位が不安定という理由で半身浴に近くなってしまうケースもあります。浴槽での座位は、その方の足や膝が浴槽壁につけば安定しやすいので、足や膝が浴槽壁に付くように浴槽内の広さを調整することで、肩まで浸かれて、姿勢が安定します。

040/100

起きる寝る　食べる時間や
習慣は　変えてはいけない
職員都合で

解説

起きる時間、寝る時間、食べる時間など、その方の生活習慣（生活上の個別性）は、職員の都合で無理に変えたりしてはいけません。個々の生活リズムを尊重して生活していきましょう。

排泄を　オムツでさせられ
みじめさに　涙はかれて
認知症

オムツはいるの？
いらないの？

解説

オムツになると認知症になったり、認知症の症状が大きく出たりすることを、オムツ性認知症というくらい、オムツでの排泄になることはご利用者にとって、自尊心を傷つけ、精神的ダメージが大きいのです。そうならぬよう、可能な限りオムツにしない介護をしましょう。

移乗時は　足が着くなら
足着ける　足の力を
維持向上

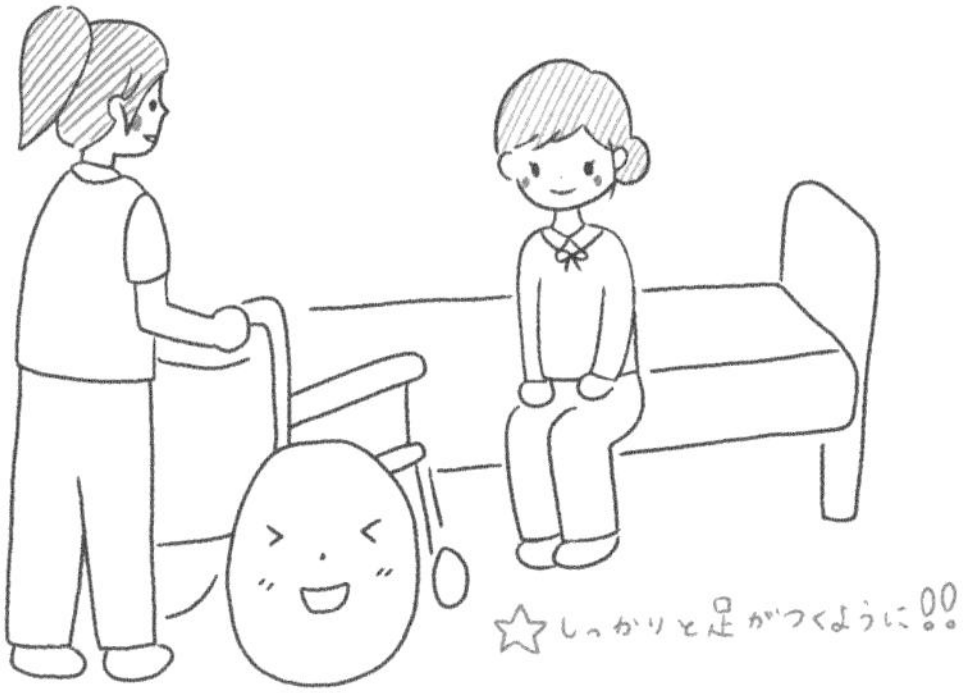
☆しっかりと足がつくように!!

解説

移乗する際に、足を床に着けることができる方は、必ず足を着いて頂くようにしましょう。足に力を入れられても入れられなくても、床に足を着くことで、両下肢の筋力低下を予防するリハビリになります。そして何より、足を浮かせて持ち上げられることはご本人には恐いですし、全体重を持ち上げる職員の負担も大きいので、床に足を着けることを意識しましょう。

お部屋でも その人にとっては
我が家です ノックか声かけ
してから入ろう

解説

施設の環境に慣れてしまうと、お部屋に入る時に、つい無言で入ってしまいやすくなります。個室でも多床室でも、その方にとっては我が家です。急に我が家に誰かが無言で入ってきたら誰だって驚くし、恐いと思います。その気持ちを想像しながら、お部屋に入る時や近づく時は、ノックや声かけをしましょう。

その方の　よく行った場所
好きな場所
お連れしようよ　何度でも

公園とかね
おまつりも
あじさい通り

解説

高齢になると外出の機会が少しずつ減ってしまいますが、ご自宅にいても、施設にいても、昔よく行ったなじみの場所や好きな場所は、本当は行きたいと思っているものです。しかし、1人で行けないからあきらめてしまっていることも多いのです。好きな場所を聞いてみましょう。そして、お連れしましょう。

045/100

寝返りを　指一本で
介助する
足曲げ腕上げ　頭上げ

寝返りを
しましょう
お手伝いしますね
膝を立てて足を曲げて
腕を胸の上にあげ
頭を上げてもらいましょう

解説

寝返り介助の３原則は、
①足を曲げて、
②腕を胸の上に上げて、
③頭も上げて
もらうこと。これができれば寝返り介助は指一本でできますし、１つだけでもできれば、お互いに負担は軽減します。

起き上がり　寝返りした後
足下ろし　肘・立ち介助で
楽に起きれる

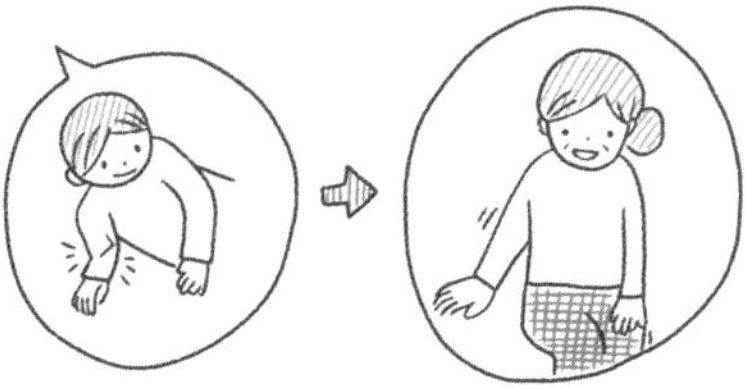

起き上がりの時 下になる方の腕で肘立ちして
もらうように支える

解説

ベッドからの起き上がりは、「寝返り介助3原則（46首目参照）」で寝返りした後に、足のかかとをベッドから下ろし、下になる方の腕で肘立ちをしてもらうのを支えれば、楽に起きることができます。

口の中　まだ入ってるのに
もう一口　焦るなペース
飲み込み確認

ハイ! どうぞ
ありがとう
まだ飲み込んでないわ
NG×
※飲み込みを確認してから次の一口を介助する

解説

その方のペースに合わせることが上手な食事介助です。ペースをつかむには、口の中に食べ物を入れて、噛んで飲み込んだ後に、声をかけて次の一口を介助する、これが基本ペースです。まだ食べ物が口の中に入っているのに介助してしまうのは完全にスピード違反で、誤嚥や窒息につながるので止めましょう。

介助では　速いは自慢に
なりません　利用者１人に
合わせて自慢を

1人ひとりに合わせた介護を

解説

介助では速いは全く自慢にならず、むしろ事故につながったり、ご利用者をこちらのペースで振り回して、不快な思いをさせてしまったりと、デメリットが大きすぎます。効率的にすべきは申し送りや記録、洗い物、シーツ交換等、直接的介助じゃないものだけです。利用者一人ひとりに合わせて介助ができることこそ自慢できることです。

看取りだと　言われて
急にやるでなく
今の今から　らしさ尊重

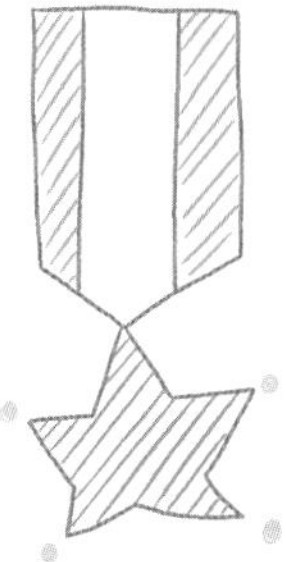

その人にとっての
スペシャルをいつも!!

解説

すべての方が、段々ご飯が食べられなくなって、眠っていることが多くなって、という老衰の過程を経て亡くなる訳ではなく、突然のお別れもありえます。ですので、看取りの対応になってから、急に好きな食べ物を用意したり、音楽をかけたりするのではなく、今の今からその人らしい生活を尊重しましょう。出会った時から看取りは始まっています。

050/100

認知症　怒って対応
逆効果　寄り添いながら
背景探ろう

解説

認知症の方を怒ってしまうのは逆効果です。さらに不安にさせ、落ち着かなくさせてしまいます。理解できない言動の裏にトイレのサインや疲労、寝不足、便秘、薬の副作用、体調不良等、原因が隠されていることも多いからです。その場で怒るのではなく、話を合わせて寄り添いながらこのような背景を探り、関わっていきましょう。

051/100

トイレって　何するところ
再確認　座っただけに
なってませんか？

welcome
?起きてるよね
何のため
?トイレの時間いつがいいの
?水分ちゃんととれてる

解説

トイレに座っただけで、トイレでは出ず、毎回トイレでパッド交換している状況が続く人はいませんか。

どうしたらその方がトイレでタイミングよく排泄ができるか、パターンやサイン、時間帯の再検討をしましょう。

手すり持ち　立って頂く
介助では　後ろに立って
腰を支える

解説

手すりにつかまって立って頂くことを介助する際は、前に立って介助してしまうと、手すりが持ちにくかったりして、ご本人の力がうまく使えません。介助者は後ろに周り、手すりをつかんで、前かがみになって頂いた時に浮いた腰〜お尻を必要であれば支える程度にすることで、ご本人の力を最大限に活かしましょう。

大スプーン　速さ重視で
誤嚥する　小のスプーンで
ゆっくり食介

多すぎて飲めない!!
もう少しゆっくりと
1人ひとりに合った支援のペースで
1人ひとりに合った1口の分量を
介助しましょう!!
1人ひとりに合ったものを

解説

食事介助は慣れていくうちに速さを重視しすぎて、大盛になったり、大スプーンを使っていないですか？　高齢者は私たちが思っている以上にのどが細くなっているので、一度にたくさんの量を口に入れると、誤嚥はもちろん、窒息する危険もあります。大スプーンでの食事介助は禁止とし、小スプーンでその方のペースに合わせて食事介助をしましょう。

転ぶから
立たないようにと　Y字帯
自由は守って　対策とろう

解説

ご自分で立ち上がって歩いて転んだら危ないから、という理由でY字帯をするのは身体拘束になり禁止されています。歩かせないのではなく、歩いても転びにくい環境づくりや、転んでも骨折しにくいサポーターパンツの着用など、動く自由は守りながら事故対策をとっていきましょう。

排泄する　姿見られる
お気持ちは？
カーテン閉めて　必ず隠そう

解説

自分がトイレで排泄をしているところを他人に見られる想像をしてみましょう。恥ずかしいですよね。だからこそ、カーテンはもちろん、さらにひざ掛けを使う配慮をしましょう。排泄にかかわらず自分がその状況だったら、自分がそうされたら……と想像しながら、ご利用者に関わることが大切です。

腿の裏　クッション挟んで
前かがみ　立てない方でも
お尻洗える

クッションを挟んで空いた
スペースを利用して
もう1人の介護者に
洗ってもらいましょう

解説

足に力の入らない方のお尻を洗う時は1人が抱えて1人が洗うでは、負担も大きく、ご利用者も不安です。シャワーチェアに座った状態で腿の裏にクッションを挟んで前かがみになってもらうと自然とお尻が浮き、どちらにとっても楽に安心してお尻を洗うことができます。

低血圧　上が100以下
臥床して　足挙上して
様子を観察

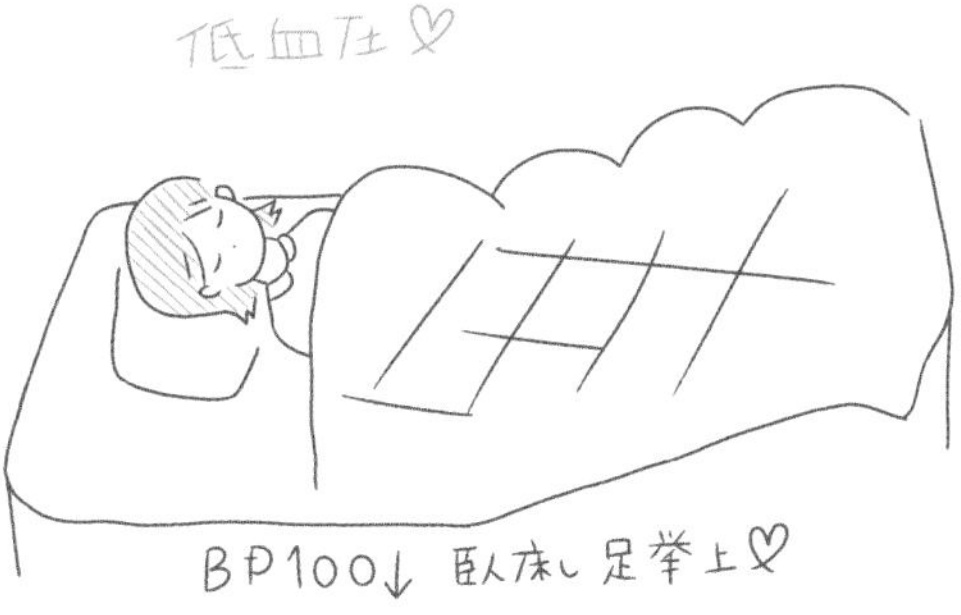

解説

血圧を計って上が100以下だった場合、一般的には異常値ですので、ベッドに臥床して、足を心臓より高くあげた姿勢にして、安静にして、様子をみましょう。医療職がいる場合には連絡しましょう。個別に異常値が違う場合もありますので、その方にとっての異常値を知っておきましょう。

ウトウトと　寝ながら食事
つらいだけ　起きたら食べる
今は寝かせて

＊こんな時は時間をズラして
再び声かけしましょう!!

解説

ウトウトと寝ながら食事している方はいませんか？眠い時にご飯を食べても美味しくないし、誤嚥、窒息につながるリスクが高くなります。高齢者の中には、寝ている時間が長くなる方もいます。こちらの都合で無理に起こして食べさせるのではなく、食事の時間をずらしたり、その方の目が覚めている時に、食べられる準備をしておきましょう。

お部屋にね　私物を何でも
持って来て　私物に囲まれ
落ち着く心

解説

介護施設等では一定の家具が設置されていることも多く、入居の際に今まで使っていた私物を持って来ない方も多いと思います。しかし、私物が少なければ少ないだけ、自分の馴染みの物が周りになく、別世界に来たかのように感じ、不安になるものです。居室にはその方の私物をできるだけ持ってきてもらい、自分の落ち着く空間づくりをしましょう。

痛いのよ　力任せに
介助せず　持ってる力を
活かして介助を

前かがみに
腕につかまって
足に力を入れて

力任せにやるのでなく
自分の力を使ってもらいましょう!!

解説

力任せの介助では、ご利用者の力を活かすことができません。ご本人にとっても怖くて痛みが伴い、あざ等もつくりやすくなってしまいます。職員にとっても腰痛の原因になりますので、力任せの介助はやめましょう。

車椅子　たわんでいるのよ
座面がね　ダンボール敷き
たわみなくそう

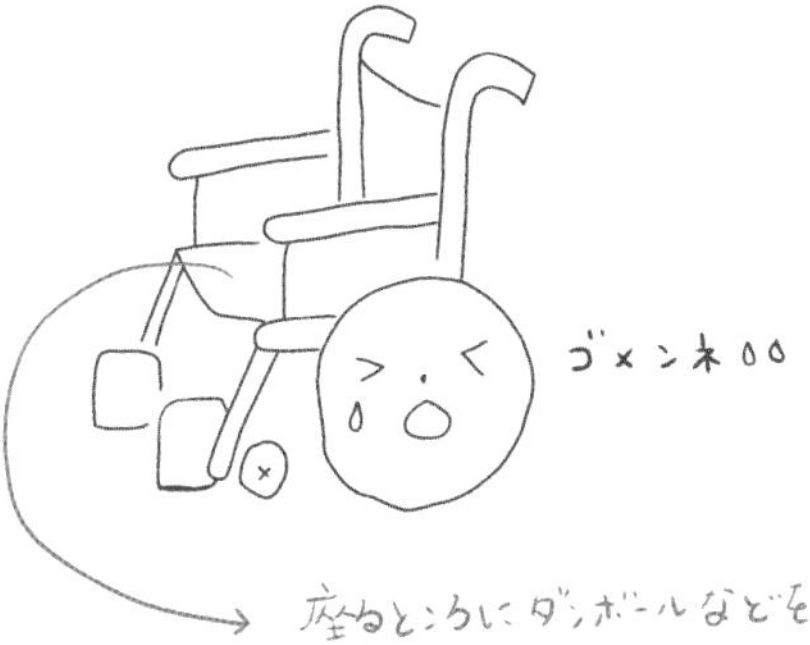
ゴメンネ○○
座るところにダンボールなどを合わせて
座りやすくしてネ

解説

車椅子の座面は、折りたたみができるように、たわんでいます。しかし、そのたわみがあることで食事の姿勢が不安定になってしまいます。たわんでいる部分に合わせてダンボール等を切って重ねて置くと、たわみをなくすことができます。そうすることで、車椅子でも椅子で座っているのとさほど変わらなくなります。

何度でも　繰り返される
その会話　笑顔で返そう
何度でも

解説

認知症の方は、わざと同じ会話をしているのではありません。

「それさっき聞いたよ」とは言わずに、はじめて聞いたリアクションで、何度でも笑顔で付き合いましょう。

「嫌」という　言葉や態度
流さない　時間をおいたり
別の関わり

無視しないで!!

「嫌」と言われたらまた後で

解説

ご本人が「嫌」と言っていたり、拒否をする態度がわかる場合は、無理にやらないようにします。少し時間をおいて再度声かけを行ったり、別の方法や関わりを検討するなど、柔軟に対応しましょう。

着替えでは　着患脱健
忘れずに　マヒ側から着て
健側から脱ぐ

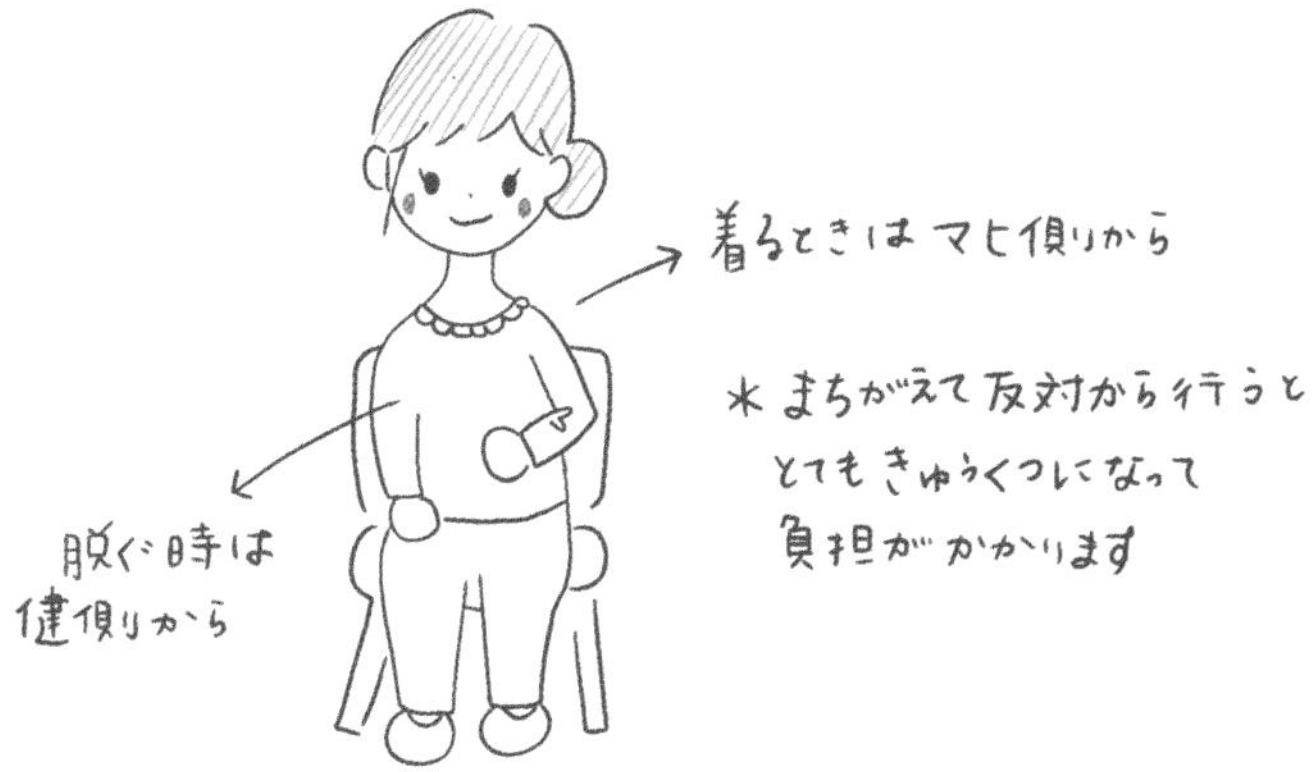
着るときはマヒ側から
＊まちがえて反対から行うと
とてもきゅうくつになって
負担がかかります
脱ぐ時は
健側から

解説

介助の必要な方の着替えを介助する際は、その方にマヒがある場合はマヒ側から着る、健側から脱ぐと着替えがしやすくなります。これを、「着患脱健」という言葉で覚えましょう。マヒがない場合も、ご本人にとって動きやすい利き腕側を健側、動きにくい側を患側と当てはめて行うとよいでしょう。

笑顔でね　そろそろ出るか
聞くけれど　時計を見つつ
聞いてないかい

解説

カラスの行水・長湯など、浸かっていたい時間は人それぞれ。こちらの都合で浸かる時間を決めずに、その方に合った時間を確保し、ご利用者の浸かっていたい時間を個別に尊重しましょう。

ポータブル　座れずパッド
交換も　綿のパンツで
蒸れずに快適

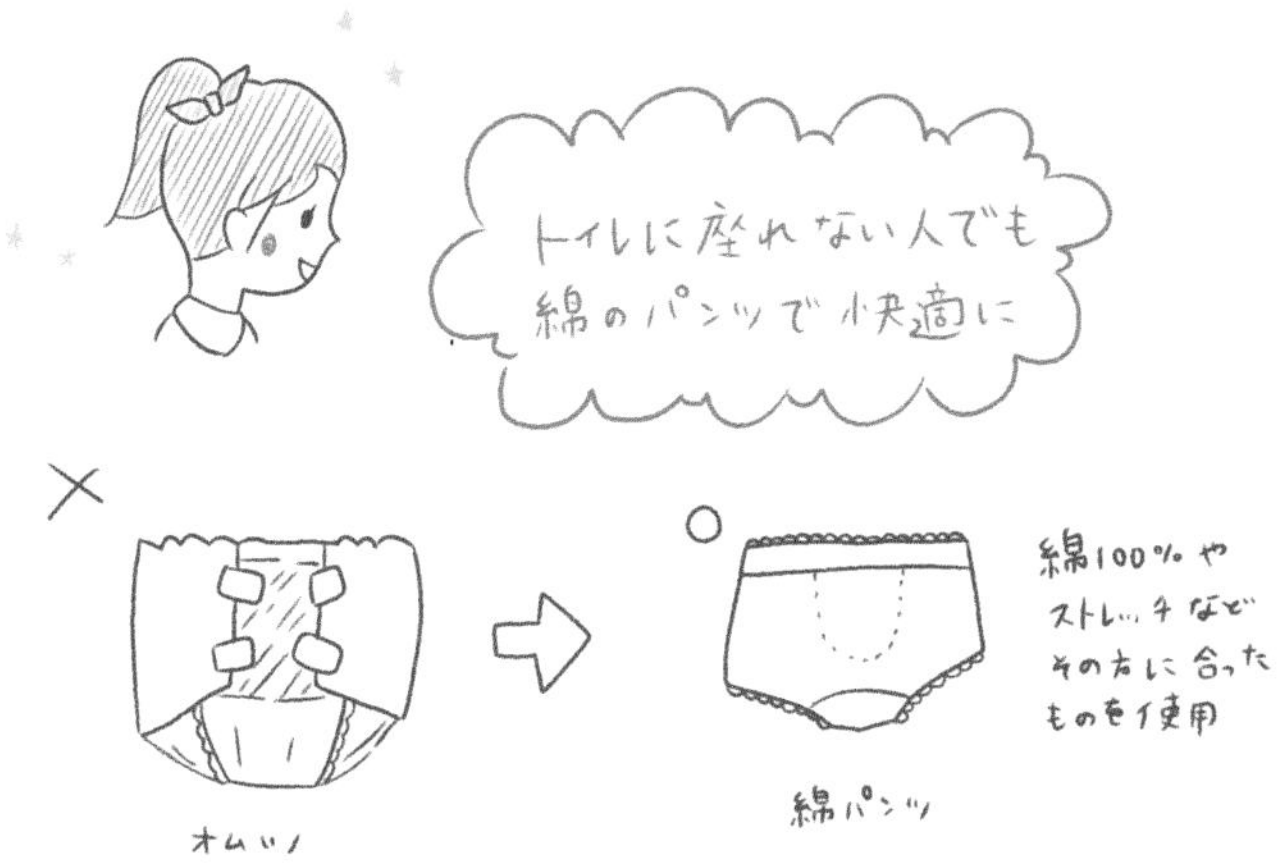
トイレに座れない人でも
綿のパンツで快適に
×
オムツ
○
綿パンツ
綿100%や
ストレッチなど
その方に合った
ものを使用

解説

座位が難しく、どうしてもポータブルトイレに座れない方でも、オムツや紙パンツは蒸れて、お尻が痒くなってしまい不快感が大きいものです。そのため可能な限りオムツは使用せず、綿パンツにパッドだけで済むように、適切なタイミングでパッド交換をしていきましょう。

突然に　黙って介助
恐ろしい　介助する前
必ず声かけ

お年よりと接する前には
どんな時でも事前に
声かけをしましょう
大切!

解説

突然抱えられたり、布団をめくられたり、お茶をどん、と置かれた時の気持ちを想像しましょう。もちろん、驚くし、恐いと思います。どのような介助をする時も、事前に声をかけてから介助をしましょう。

洗身も　浴槽出入り
する時も　できるを奪わず
やってもらおう

手のとどくところを洗ったり
浴そうの出入りなど
できることをやっていただきましょう!

解説

洗身や浴槽の出入り等、介助したほうが楽で早い場合がありますが、それではご本人のできる力を奪ってしまい、機械浴と変わらなくなってしまいます。家庭用浴槽の利点を活かし、ご自分でできることはやって頂き、ご利用者が主体になった入浴をめざしましょう。

069/100

食介は　立ってやっては
いけません　顎が上がって
気管に入る

解説

食事介助は必ず座って行いましょう。立って食事介助をすると上から食べ物が来るし、上から声がすることで顎が上がってしまったり、意識が上のほうにいってしまうので、誤嚥しやすくなります。また、立って食事介助をすることは、一般的に失礼とされています。そういった面も含めて、駒場苑では立って食事介助を禁止しています。

座れずとも ひのきのお風呂で
気持ちよく　大きめ浴槽
横付けベッドで

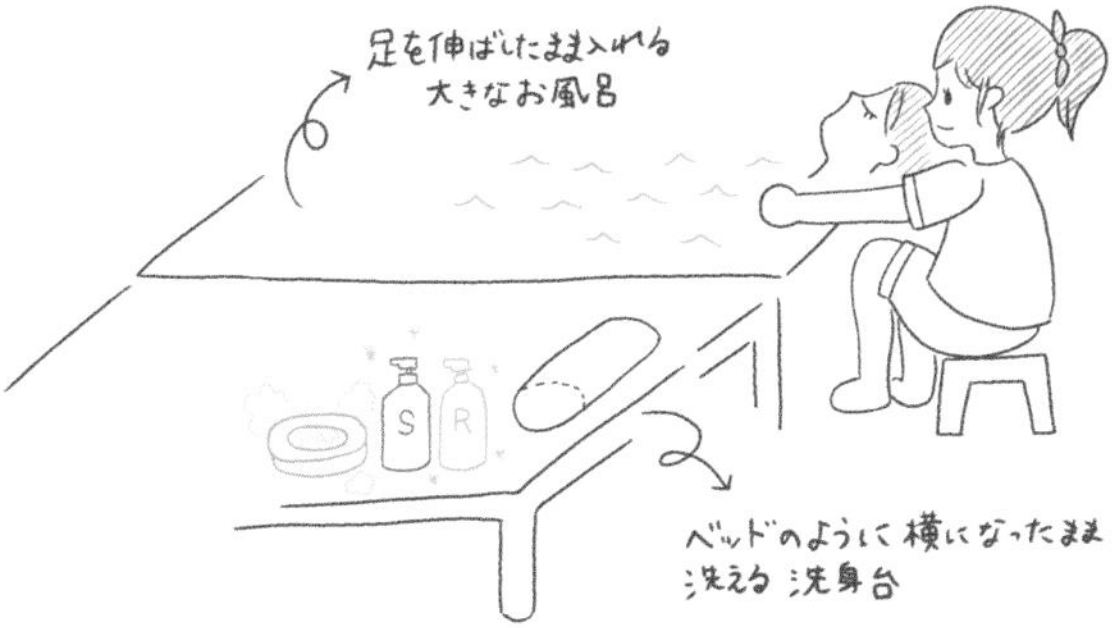
足を伸ばしたまま入れる
大きなお風呂
ベッドのように横になったまま
洗える洗身台

解説

足が拘縮で伸びていても入れる大きめの浴槽に、横になって洗えるひのきの台を横付けし、バスマットを敷きます。高さを浴槽壁と同じにすると、入る時は体を横にずらして自然と入れます。機械浴と違って体を洗うスペースが広く、低いので大事故になりにくく、安心して入浴できます。バスマットを拭けばそこで衣服の着脱もできるし、浴槽内に台を沈めてお尻をつければ、座って入ることもできます。

ポータブル　座れぬ方でも
少しずつ　座位保持していき
トイレですっきり

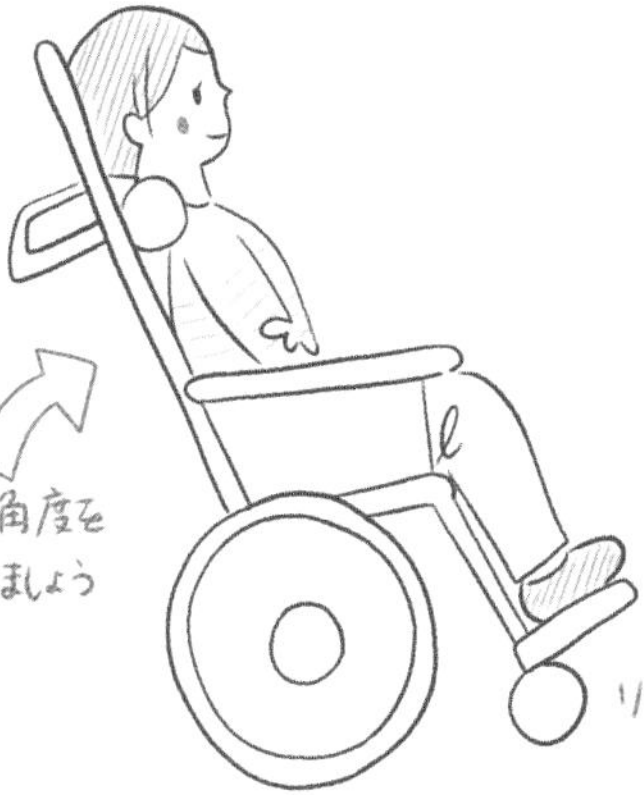
少しずつ角度を
付けましょう
リクライニング車イス

解説

ポータブルトイレに座れない方は、リクライニング車椅子等に座っている方が多いと思います。リクライニング車椅子でも日々少しずつ角度をつけていって、傾斜なしで座わることができれば普通車椅子へ移行できます。普通車椅子に座れるのであれば、ポータブルトイレにも座れます。

立位不可　車椅子を
理想化し　横にずらせば
移れる高さに

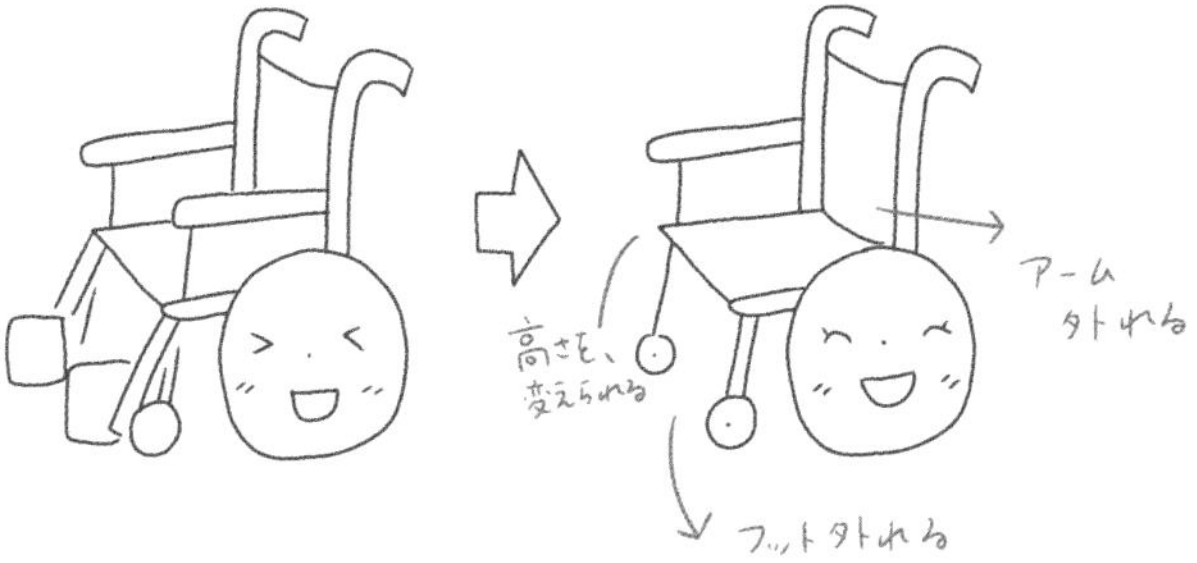

解説

立位がとれない方の移乗をする時は、アーム、フットサポートが外れて、座面の高さはフットサポートを上げた時に足が床にしっかり着く高さに調整できる車椅子に必ず変えましょう。移乗の際にアーム、フットサポートを外し、移る前後の位置をできる限り密着させることで、お尻を横にずらすだけでお互いにとって負担なく移ることができるようになります。

車椅子　急いでも
慌てずに　ゆっくり背中を
見ながら押そう

解説

どんなに急いでいても、車椅子を勢いよく押したり、よそ見しながら押してはいけません。車椅子からの転落などの、大事故につながるリスクもあります。

ゆっくり、ご利用者の様子を見ながら押しましょう。

全介助　エプロン付けて
食べこぼし　介助の仕方
見直す機会に

?一口量合ってる
?ペースは合ってる
?嫌がってない
?ちゃんと起きてる

解説

全介助の方の食事介助は、ご自分で吐き出したり、拒否したりしない限り、食べこぼすかどうかは介助次第です。つまり、全介助の方がエプロンをつけている場合、その多くは一口量が合っていなかったり、ペースがその方に合っていないからです。全介助で吐き出しや拒否がない方は、食べこぼしゼロを目指して適量を介助しましょう。

挨拶は　すべての人に
自分から　明るく元気に
笑顔でしよう

いつでも　笑顔で
明るく元気にあいさつを

解説

ご利用者に対しても、職員に対しても挨拶はすべての人間関係のはじまりと終わりです。挨拶がよければ、挨拶をされた人も、周りにいる人も気持ちがよいもので、挨拶は相手の存在を無条件に承認する承認行為です。承認し合う文化はその場の人間関係を良好にする最大のポイントです。関係性、相性、その日の機嫌等関係なく、明るく元気に挨拶しましょう。

食事では　フットサポートを
上げてみて　床に足着き
美味しい食事

フットサポートから足を降ろす

解説

食事をする際に、足が床に着いていないと、姿勢が不安定で食べにくくなります。車椅子でも椅子でも、その方の足が床にしっかり着くことができる高さに調整、またはその方に合う高さの車椅子、椅子への変更が必要です。

四点柵　起きる自由を
奪うもの　起きるための
環境整備を

ベッドから
降りられないの。

解説

ベッドから起きようとして、転落、ずり落ちのリスクがある方のベッドを四点柵にするのは身体拘束になり禁止されています。L字柵や車椅子の設置等で可能な限り安全に、起きやすい環境づくりをしたり、難しい場合も、ベッドを一番低くして横にマットを敷いて転落防止にするなど、行動の自由を守りつつ事故対策をしていきましょう。

移乗時は　移る位置の
近い側　健側がくると
移乗しやすい

解説

車椅子から、または車椅子への移乗の介助では、マヒがある場合は移る位置の近い側に健側が来ると、移りやすくなります。マヒがない場合も、利き足等のご本人にとって動きやすい側を健側、動きにくい側を患側と当てはめて行うとよいでしょう。

079/100

排泄は　オムツじゃなくて
トイレでね　食後に行けば
排便しやすい

解説

オムツでの排泄は不快感だけでなく、尊厳も奪います。介護士はオムツ交換のプロではなく、オムツが必要なくなる排泄ケアのプロでなければいけません。まずは食後のトイレ誘導からはじめましょう。食後は排便をもよおす可能性が高いので、トイレに座ると出ることが多いからです。トイレで排便できれば本人も気持ちよく、職員もオムツを処理する介助が1つ減り、お互いにとってよいのです。

食べかすは　お口の中に
残りやすい　食後の歯磨き
しっかりやろう

1人ひとりに合った
口くうケアを行う
スポンジブラシ
歯ブラシ
特殊ブラシ
口腔ケア
ウェットティシュー

解説

食べかすは、歯の隙間や、マヒ側に残っていることがあるので、そのまま寝てしまったり、放置すると、誤嚥してしまったり、口の衛生が悪くなり、食事が美味しく感じなくなってしまいます。そうならないよう、食後の歯磨きはしっかり行いましょう。

お風呂後は　爪がやわらか
切りやすい　爪切りをして
水分補給を

解説

お風呂後は、爪自体が柔らかくなるので、爪を切るには絶好のタイミングです。お風呂後のちょっと一息も兼ねて爪切りをしましょう。その後の、水分補給も忘れずに。

悪寒する　震え止まるまで
温めて　おさまってから
クーリング

解説

熱発時、状態をまず観察しましょう。震えているようなら、クーリングせずに、まずは布団をかけて温めましょう。震えが止まったらクーリング開始です。発熱時は、インフルエンザやコロナ等の感染症も疑い、他のご利用者との接触を控えるなどの対策しましょう。

トイレ座位　床に足着け
前かがみ　排便しやすい
ベストな姿勢

解説

トイレで一番排泄しやすい姿勢は、床に足がしっかり着いた前かがみの姿勢です。トイレに座れば、肛門が下を向くので重力がはたらき、前かがみになることで腹圧がかかるので、排泄するには理にかなっている姿勢なのです。逆に一番排泄しにくい姿勢はベッドで寝ている姿勢です。寝てしまうと重力がはたらかず、前かがみになれないので、腹圧もかかりません。

精神薬　昼間もウトウト
フラフラは
医師に相談　薬を減量

解説

精神安定剤等の精神的な薬は高齢者には副作用が強く出ることがわかっており、できる限り使用しない、増やさない、最終手段として使うとしても最小限の量にしましょう。特に服用している方が、昼間もウトウトしていたり、フラフラしていたり、嚥下機能が落ちたり、痰がらみがひどくなってきていたら要注意。量が多い可能性があります。医療職と相談し、薬の減量、中止を検討しましょう。

レクをやる　時間をつくる
ためと言い　お風呂短く
湯冷めで風邪引く

解説

レクや行事は大事ですが、そのために入浴時間を短くして湯冷めをしたり、気持ちよくお風呂に入れないというのは問題です。入浴のほうがほとんどの方が行う日常生活行為であり、楽しみですから、優先度は高いのです。入浴に時間をかけすぎてレクができないなら、その分入浴を楽しんでもらったり、レクはボランティアさんにお願いするなどの仕組みをつくりましょう。

サチュレーション
90未満は　要注意
呼吸観察　医務に連絡

パルスオキシメーター
SPO2
=90％以下は
要注意
☆医務に連絡

解説

サチュレーションが90％未満の場合は、急変の可能性があります。呼吸状態を確認して、すぐに医療職に連絡しましょう。ちなみに誤嚥による窒息で、掻き出しとタッピングをしても改善されない場合は、すぐに医療職に連絡、不在の場合はそのまますぐに救急車の要請をします。救急車到着までの間は側臥位で寝かせて、掻き出しとタッピングを続けます。

立ち上がり　介助する時
コツあるよ　床に足着け
足引き前屈

×
床に足を着けて足を引き
おじぎをするように前かがみに

解説

立ち上がりの介助は、無理に上にひっぱりあげるのではなく、床に足をしっかり着けて足を引いて前かがみの姿勢をとってもらえば簡単に立つことができます。手を持って支える際は、その前かがみの姿勢になってもらうために、介護士の手を下に引いていくようにすると、自然にお尻が上がって立つことができます。

機械浴　一見便利で
安易使用　やれることまで
奪ってしまう

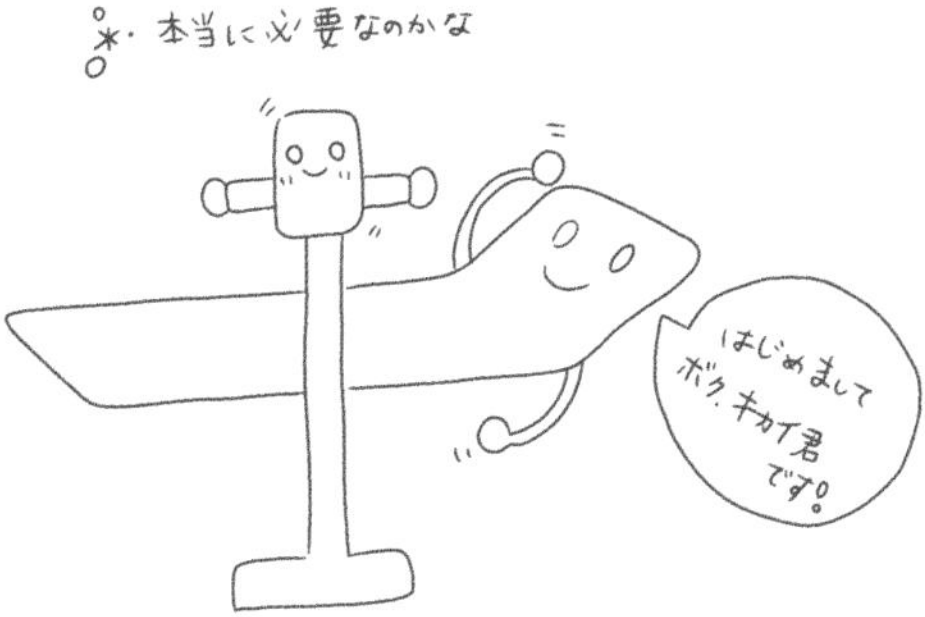

解説

機械浴は安易に使用されやすく、少し動ける方まで早い段階で機械浴になってしまいがちです。機械が自動的にやることで、自分でできることもできなくなってしまいます。結果、重度化が加速し、ご本人も、職員も負担が増えてしまいます。普通の浴槽で、ご自分のできることを活かすか、できないなら機械浴より怖くない入浴方法を実践します。駒場苑では普通の浴槽で気持ちよく入れる入浴をめざします。

認知症　便秘が理由で
落ち着かない
薬の前に　トイレの機会を

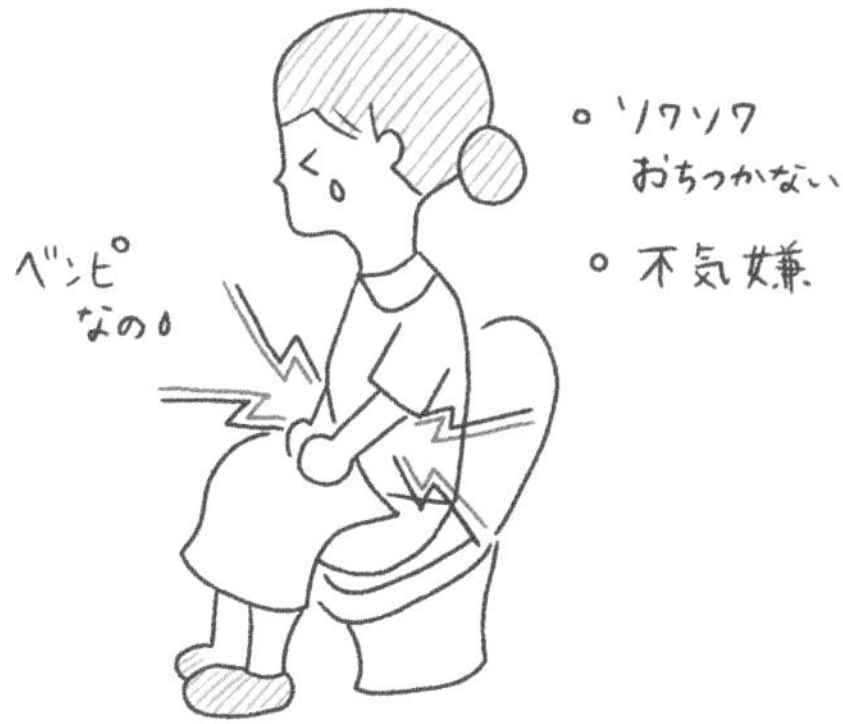
ベンピなの。
◦ソワソワ
おちつかない
◦不気嫌

解説

認知症の方が落ち着かない大きな原因の一つに便秘があげられます。便秘でお腹がはったり、痛いのに、トイレに行くという行動につなげられずに、落ち着かない言動をされる、ということは多いのです。落ち着かないから、と安易に精神安定剤等を出してもらうのではなく、トイレ誘導等、その背景を探り関わっていきましょう。薬はあくまで最終手段です。

命令し　上から目線や
威圧感　関係壊す
謙虚さ忘れず

気を付けよう!!

命令指示口調は禁止

解説

命令口調や上から目線な言動、威圧的な態度は人間関係を壊します。ハラスメントとして処分を受けることもあります。一時的な感情で相手との関係を壊すことは、居場所をなくし、自分で働きにくくしている行為です。礼儀やリスペクトを忘れず、良好な関係を築きましょう。駒場苑では年2回ハラスメントや不適切な言動の匿名アンケートを実施しています。

少しでも　自力摂取
できるなら　自分で食べるを
尊重しよう

できる人には自力摂取を!!

解説

一口でもご自分で食べることができるなら、一口でもご自分で食べて頂きましょう。自分で食べたほうが美味しく食べられますし、やれることをできる限りやって頂くことで、生活リハビリにもなります。

浴槽から立たずに出るには
前かがみ　浮いたお尻を
もう1人が支持

湯
○前かがみになってもらう
○浮いてきたお尻をもう一人が支える

解説

立てない方、足に力が入らない方が浴槽から出る時は、1人が介助者の脇に両手を入れて前かがみになってもらい、そこで浮いてきた腰からお尻をもう1人が支えて出ることで、浮力を使った負担の少ない介助が可能になります。

知ってます？　起床時間に
寝る時間　行水・長湯か
趣味や嗜好を

解説

ご利用者のその人らしい生活には、その方が今までしてきた生活習慣や生活リズム、好きなこと等を尊重するのが必要不可欠です。まず、そのような情報を一人ひとり集めましょう。そのうえで、どうやったらそれを具体的に日常の中で尊重できるか、考えて日々の関わりにつなげましょう。

094/100

座って　静かにしてと
制止せず　動く自由を
守って付き添う

ちょっとトイレに
行こうかな
理由に合わせて支援

解説

立ち上がる方に「座ってて」と言ったり、声を出す方に「静かにして」と言って行動を制止するのは、スピーチロック（言葉による拘束）です。「どうしましたか？」と聞いて、理由に合わせた対応をします。理由がわからない時は、トイレなのか、疲れているのかなどの背景を探りましょう。エレベーターに乗ろうとしているなら、付き添って一緒に乗ったり、他の職員に付き添いをお願いするなどの工夫をしましょう。

食後はね　少しゆっくり
起きてね　紅葉観ながら
歯磨き　トイレで

・食後はお茶、歯みがき、トイレで
自然と30分くらい起きているように。

解説

食後にすぐに寝てしまうと、高齢者の場合、嘔吐してしまうことがあります。食後はゆっくりお茶等で一服してもらい、歯磨きやトイレ誘導をする中で、自然と食後は起きているように支援しましょう。

本人に　何かしたい、
と言われたら　すぐに行動
長くは待てない

解説

ご利用者に何かをしたいと言われたら、できるだけ早くそれが叶えられるように段取りをしましょう。私達が思っているより、長くは待ってはもらえないこともあります。後で「あの時にあの願いをすぐに叶えてあげればよかった」とならないように、その方の今、今日を大切にしていきましょう。

嘔吐した　居室に戻り
側臥位に　他の方離して
汚物を処理する

解説

ノロウイルスが疑われる嘔吐の場合、まずガウンを着て、その方を居室へ誘導し、側臥位になってもらいます。その後、嘔吐物の近くにいる他のご利用者を離して、汚物を処理します。職員が2人いる場合は、手分けして行います。汚物は、ペーパータオルや新聞紙をかぶせ、ハイターをかけて、外側から内側に向けて集めて、二重にしたゴミ袋に入れて捨てます。日頃から手洗い、うがいの徹底等で予防しましょう。

浴槽の　出入りする時
怖いのは　宙に浮くこと
できれば避けよう

本人様の力を使い出入りする方法を考えよう!!

解説

浴槽への出入りは、ご自分で入れない方は、2人介助で持ち上げての介助になりがちです。しかし、このやり方は体が宙に浮くため、お年寄りは怖いし、危険です。足が床に着くなら、足を床に着いてもらい、1人が脇を持って前かがみにし、1人がお尻を持ってあげるほうが数段怖くありません。できる限り宙に浮かずに浴槽の出入りをする方法を考えていきましょう。

寝返りと　起き上がりに
立ち上がり　移乗に座位保持
すべてリハビリ

生活リハ
できることを自分の力で
寝がえりすること
座ること
立ち上がること
起き上がること

解説

すべての生活動作をできる限りご自分の力を使って行って頂くこと、その動作すべてがリハビリになる、というのが生活リハビリの考えで、駒場苑も推奨します。体操や機能訓練をやる時間がなくても、生活リハビリだけは意識してやりましょう。

100/100

坂野悠己（さかの・ゆうき）
総合ケアセンター駒場苑　統括施設長。最期までその人らしい「生活」を支えるための環境づくり、仕組みづくりに取り組み、現場の介護職から圧倒的に支持される熱い講演会や、SNS などで精力的に発信活動を行っている。

総合ケアセンター　駒場苑
特別養護老人ホーム、デイサロンこまば、グループホームこまば、ヘルパーステーションこまば、ケアプランセンターこまば、からなる総合ケアセンター。ケアの方針に「7 つのゼロ（寝かせきりゼロ、おむつゼロ、機械浴ゼロ、誤嚥性肺炎ゼロ、脱水ゼロ、拘束ゼロ、下剤ゼロ）」を掲げた実践で施設関係者から注目を集めている。

〒 153-8516　東京都目黒区大橋　2-19-1
TEL：03-3485-9823　FAX：03-3485-9825
HP：http://komabaen.org/

みるみるわかる生活リハビリ
駒場苑がつくった介護百首

発行日　2023 年 1 月 10 日　初版第一刷

著　者　坂野悠己＋駒場苑の仲間たち
発　行　ブリコラージュ
〒 171-0021　東京都豊島区西池袋 5-26-15
久保田ビル 2F　七七舎
TEL 03-5986-1777　FAX 03-5986-1776
http://www.nanasha.net/
発　売　全国コミュニティライフサポートセンター
〒 981-0932　宮城県仙台市青葉区木町 16-30
シンエイ木町ビル 1 F
TEL 022-727-8730　FAX 022-727-8737
http://www.clc-japan.com/

デザイン：石原雅彦　　印刷：モリモト印刷株式会社
ISBN978-4-907946-39-5